Testé maison

100 DÎNERS SANS VIANDE

Super débutants

Les petits Marabout

SOMMAIRE

apéro

ROULEAUX DE PRINTEMPS

prêt en 20 minutes

12 minutes de cuisson

pour 4 personnes

feuilles de riz
× 8

avocat
× 1

radis
× 1 botte

riz complet
150 g

miso blond
1 cuillerée à soupe

citrons verts
× 2

- Cuire le riz selon les instructions du paquet. Mélanger avec le miso, le zeste et le jus de citron vert, poivrer.
- Hacher les fanes de radis, couper les radis en bâtonnets. Couper l'avocat en lamelles, le citronner et assaisonner.
- Tremper une feuille de riz dans de l'eau tiède, la poser sur un torchon mouillé. Mettre un peu de riz, d'avocat, de radis, de fanes et rouler.
- Servir les rouleaux avec un chutney.

apéro

TARTINES HOUMOUS & RADIS

baguette
× 1

houmous
400 g

ciboulette
× 5 brins

huile d'olive
1 filet

radis
× 5

prêt en 10 minutes

2 minutes de cuisson

pour 4 personnes

- Couper la baguette en quatre puis en deux dans le sens de la largeur. Trancher les radis en très fines lamelles et ciseler finement la ciboulette.
- Préchauffer le gril. Arroser le côté mie des tartines d'un filet d'huile d'olive et les faire griller au four 2 minutes.
- Tartiner de houmous puis déposer quelques lamelles de radis et parsemer la ciboulette.
- Verser un filet d'huile d'olive et servir.

apéro

PAN CON TOMATE

prêt en 10 minutes

5 minutes de cuisson

pour 4 personnes

tomates concassées
450 g

ail
× 2 grosses gousses

huile d'olive
1 filet

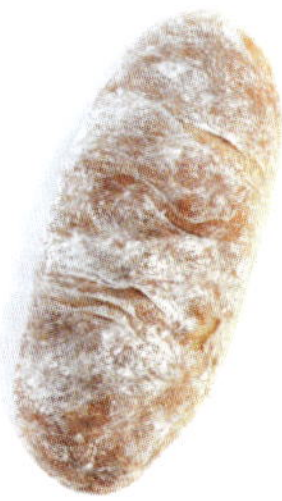

ciabatta
× 1

- Couper le pain en deux dans le sens de la largeur puis en huit. Couper les gousses d'ail en deux. Faire chauffer une poêle-gril et arroser le pain d'un filet d'huile. Faire griller les morceaux de pain des deux côtés puis frotter la mie avec l'ail.

- Recouvrir de tomates concassées. Saler, poivrer puis verser un filet d'huile.

apéro

SAMOUSSAS FÈVE & ÉPINARD

prêt en 25 minutes

30 minutes de cuisson

pour 4 personnes

feuilles de brick
× 8

fèves pelées
200 g

épinards
300 g

curry en poudre
3 cuillerées à café

huile de tournesol
6 cuillerées à soupe

purée de pommes de terre
150 g

- Préchauffer le four à 180 °C. Cuire les fèves 5 minutes avec un filet d'huile et un peu d'eau, les écraser.
- Poêler les épinards hachés avec un filet d'huile, 5 minutes sur feu moyen. Ajouter le curry, la purée et les fèves. Assaisonner.
- Couper une feuille de brick en deux et la replier en deux. Badigeonner d'huile.
- Placer 1 cuillerée de farce à une extrémité et plier en triangle. Répéter l'opération. Enfourner 15 à 20 minutes.

apéro

SAMOUSSAS ÉPINARD & FETA

épinards surgelés
280 g

feta
125 g

pignons de pin
15 g

huile d'olive
3 cuillerées à soupe

pâte filo
× 6 feuilles de 43 × 30 cm

muscade en poudre
1 pincée

prêt en 25 minutes

30 minutes de cuisson

pour 4 personnes

- Hacher les épinards essorés. Couper la feta en morceaux. Faire griller les pignons. Préchauffer le four à 190 °C. Mélanger épinards, pignons, feta, muscade, poivre et 1 cuillerée à soupe d'huile.

- Superposer 3 feuilles de filo badigeonnées d'huile. Couper en deux dans le sens de la longueur. Déposer un quart de garniture dans un angle, replier pour former un triangle. Déplier ainsi jusqu'au bout. Badigeonner d'huile et déposer sur une plaque recouverte de papier sulfurisé. Réaliser 3 autres samoussas. Enfourner 30 minutes.

apéro

CAVIAR D'AUBERGINE

prêt en 15 minutes

20 minutes de cuisson

pour 4 personnes

aubergines
× 2

tahin
50 g

ail
× 1 gousse

pains pita
× 2

citron
× 1

huile d'olive
1 cuillerée à soupe

- Hacher l'ail. Couper les pitas en deux puis en triangles. Préchauffer le four à 230 °C. Faire rôtir les aubergines sur une plaque pendant 10 minutes jusqu'à ce que la peau soit grillée et la chair tendre.
- Badigeonner les pains pita d'huile et les enfourner à 220 °C 8 à 10 minutes. Presser le citron.
- Une fois refroidies, peler les aubergines et mixer la chair avec le tahin, l'ail et 50 ml de jus de citron jusqu'à l'obtention d'une texture lisse. Assaisonner et servir avec les pains pita.

CAMEMBERT RÔTI

prêt en 5 minutes | 20 minutes de cuisson | pour 2 personnes

camembert × 1
sauce aux canneberges 85 g
baguette × ½
noisettes grillées 20 g

- Hacher grossièrement les noisettes. Couper la demi-baguette en tranches et les faire griller.
- Préchauffer le four à 190 °C. Déposer le fromage sur une plaque recouverte de papier d'aluminium et enfourner 20 minutes.
- Transférer dans un plat, déposer la sauce aux canneberges au centre et parsemer les noisettes. Servir accompagné des tranches de pain grillées.

BEIGNETS DE MAÏS

prêt en 15 minutes
10 minutes de repos | 10 minutes de cuisson | pour 8 beignets

maïs en conserve 200 g
polenta 55 g
œuf × 1 + 1 blanc
oignons nouveau × 3
crème fraîche 150 g
coriandre × 2 brins

- Égoutter le maïs et hacher les oignons. Réserver quelques feuilles de coriandre et émincer le reste. Battre l'œuf et le blanc avec la polenta. Saler et poivrer. Incorporer les grains de maïs et réserver 10 minutes. Ajouter la coriandre hachée et la moitié des oignons.
- Chauffer une poêle antiadhésive huilée. Déposer des boules de pâte et laisser dorer 2 à 3 minutes. Retourner et cuire 10 secondes de l'autre côté. Ajouter une noix de crème fraîche, des oignons nouveaux et de la coriandre.

RECETTES express

TOFU BALLS AU MAÏS

prêt en 15 minutes | 3 minutes de cuisson | pour une douzaine

tofu ferme 350 g
maïs en conserve 250 g
farine 120 g
brins de ciboulette × 10

- Mixer le tofu, le maïs égoutté, la farine et la ciboulette jusqu'à l'obtention d'un mélange homogène. Saler et poivrer.
- Chauffer l'huile dans une casserole. Prélever un peu de pâte avec une cuillère à soupe, former une boule et la plonger dans l'huile. Répéter cette opération pour cuire 5 boules à la fois.
- Compter 3 minutes de cuisson : les boules doivent être dorées.
- Égoutter sur du papier absorbant et servir chaud.

FRITES DE TOFU

prêt en 15 minutes | 3 minutes de cuisson | pour 4 personnes

tofu ferme 300 g
farine 60 g
œufs × 2
chapelure 120 g
cumin en poudre 1 cuillerée à café
huile végétale 100 ml

- Couper le tofu en frites de 1,5 cm d'épaisseur.
- Dans un bol, mélanger la farine et les œufs. Dans un autre bol, mélanger la chapelure et le cumin.
- Tremper les frites de tofu dans le mélange aux œufs puis dans la chapelure.
- Chauffer l'huile dans une poêle sur feu moyen et cuire les frites jusqu'à ce qu'elles soient dorées de tous les côtés. Égoutter sur du papier absorbant et saler.

PETIT POIS & CÉLERI-RAVE

petits pois surgelés
450 g

céleri-rave
400 g

menthe
× 10 feuilles

feta
60 g

bouillon de légumes
1 litre

huile d'olive
1 filet

prêt en 15 minutes

20 minutes de cuisson

pour 4 personnes

- Éplucher le céleri-rave puis le couper en dés. Émietter la feta. Rincer et ciseler la menthe.
- Dans une grande casserole, porter le bouillon avec les dés de céleri-rave à ébullition puis laisser frémir 20 minutes. Cinq minutes avant la fin de la cuisson, ajouter les petits pois.
- Retirer 50 g de petits pois et mixer le reste avec 250 ml de bouillon puis ajuster selon la consistance souhaitée. Saler et poivrer. Verser dans des bols et ajouter la feta, les petits pois restants, la menthe ciselée et un filet d'huile d'olive.

COURGETTE & PISTOU

courgettes
1 kg

bouillon de légumes
1 litre

pistou
4 cuillerées à soupe

crème fraîche épaisse
60 ml

cerfeuil
× 4 brins

prêt en 15 minutes

20 minutes de cuisson

pour 4 personnes

- Rincer et couper les courgettes en rondelles. Dans une grande casserole, porter le bouillon avec les courgettes à ébullition puis laisser frémir 15 minutes à feu doux jusqu'à ce que les légumes soient fondants.
- Mixer les rondelles de courgette avec 200 ml de bouillon puis ajuster selon la consistance souhaitée. Saler, poivrer, ajouter la crème et remuer.
- Verser dans des bols, ajouter 1 cuillerée à soupe de pistou dans chacun et parsemer le cerfeuil.

POIREAU & POMME DE TERRE

pommes de terre
600 g

poireaux
400 g

bouillon de légumes
1 litre

piment d'Espelette
× 1 pincée

maïs en conserve
× ½ boîte

huile d'olive
1 filet

prêt en 15 minutes

25 minutes de cuisson

pour 4 personnes

- Éplucher les pommes de terre et les couper en dés de 2 cm. Couper les poireaux en fines tranches et les rincer soigneusement. Égoutter le maïs.
- Dans une grande casserole, faire chauffer un filet d'huile d'olive.
- Ajouter les poireaux, les pommes de terre puis le bouillon et le maïs.
- Laisser frémir 25 minutes à feu doux jusqu'à ce que les légumes soient fondants.
- Assaisonner avec du sel, du poivre et le piment d'Espelette.

CÉLERI-RAVE & NOISETTE

prêt en 15 minutes

25 minutes de cuisson

pour 4 personnes

céleri-rave
850 g

noisettes
30 g

quinoa
100 g

bouillon de légumes
1 litre

- Préchauffer le four à 180 °C. Mettre les noisettes sur une plaque recouverte de papier sulfurisé et enfourner 8 minutes. Éplucher le céleri-rave et le couper en dés.
- Dans une grande casserole, faire frémir le bouillon avec le céleri-rave pendant 25 minutes. Faire cuire le quinoa dans une casserole en suivant les instructions sur le paquet. Égoutter.
- Mixer le céleri-rave avec la moitié du bouillon puis saler et poivrer. Verser dans des bols et répartir le quinoa et les noisettes concassées.

PATATE DOUCE & PANAIS

prêt en 25 minutes

30 minutes de cuisson

pour 4 personnes

patates douces
800 g

panais
300 g

bouillon de légumes
1 litre

cacahuètes
4 cuillerées à soupe

thym
× 3 brins

lentilles vertes
100 g

- Faire cuire les lentilles al dente en suivant les instructions sur le paquet. Éplucher et couper en dés les patates douces et les panais. Faire griller les cacahuètes dans une poêle.
- Dans une grande casserole, porter le bouillon à ébullition avec les patates douces, les panais et 2 brins de thym puis faire frémir 20 à 25 minutes.
- Mixer avec la moitié du bouillon et ajuster selon la consistance souhaitée. Saler et poivrer.
- Verser dans des bols avec les lentilles et des cacahuètes concassées.

CRÈME AUX CHAMPIGNONS

champignons de Paris
450 g

pommes de terre
350 g

crème liquide
40 ml

bouillon de légumes
1 litre

persil
× 3 brins

pain
× 4 petites tranches

prêt en 15 minutes

30 minutes de cuisson

pour 4 personnes

- Rincer les champignons, retirer les pieds, couper les têtes en quatre. Éplucher les pommes de terre et les couper en dés.
- Dans une grande casserole, porter le bouillon à ébullition avec les pommes de terre et les champignons puis laisser frémir pendant 25 minutes.
- Mixer très brièvement avec la moitié de l'eau de cuisson et la crème liquide.
- Saler, poivrer et ajouter encore de l'eau de cuisson si besoin. Parsemer le persil et servir avec le pain grillé.

SOUPE CHINOISE

bouillon de légumes
1,5 litre

raviolis chinois
450 g

pois mange-tout
125 g

gingembre
30 g

piment rouge
× 1

sauce soja
1 cuillerée à soupe

prêt en 10 minutes

15 minutes de cuisson

pour 4 personnes

- Effiler les pois mange-tout et les couper en deux. Peler et couper le gingembre en fines lamelles, ainsi que le piment. Porter le bouillon, le gingembre et le piment à ébullition dans une casserole. Ajouter les raviolis et ramener à ébullition puis baisser le feu et laisser mijoter 4 minutes.
- Terminer par les mange-tout et maintenir sur le feu 2 ou 3 minutes de plus jusqu'à ce qu'ils soient tendres et que les raviolis soient bien cuits. Ajouter la sauce soja.

BOUILLON AUX HARICOTS

haricots blancs cuits
240 g

choux de Bruxelles
300 g

bouillon de légumes
1 litre

oignon
× 1 gros

huile d'olive
2 filets

persil
× 4 brins

prêt en 15 minutes

25 minutes de cuisson

pour 4 personnes

- Éplucher et émincer l'oignon. Le faire rissoler 10 minutes dans une poêle avec un filet d'huile d'olive à feu moyen, en remuant souvent. Mettre de côté.
- Dans la même poêle, faire dorer les choux de Bruxelles avec un filet d'huile d'olive. Saler et poivrer.
- Porter le bouillon à ébullition dans une grande casserole. Ajouter les choux, les haricots blancs égouttés et laisser cuire 5 minutes. Saler et poivrer.
- Verser la soupe dans des bols, répartir l'oignon frit et le persil haché.

TORTELLINIS AU BOUILLON

tortellinis au fromage
450 g

bouillon de légumes
1 litre

parmesan
50 g

pesto
3 cuillerées à soupe

pois mange-tout
175 g

prêt en 5 minutes

15 minutes de cuisson

pour 4 personnes

- Porter le bouillon et les tortellinis à ébullition dans une grande casserole. Râper le parmesan.
- Baisser le feu et laisser mijoter pendant 5 minutes. Ajouter les pois mange-tout et remettre sur le feu pendant 3 minutes.
- Retirer du feu, répartir dans des assiettes creuses et ajouter le pesto. Saupoudrer de parmesan.

PHO VEGGIE

prêt en 15 minutes

10 minutes de cuisson

pour 4 personnes

bouillon de légumes
700 ml

nouilles de riz plates
150 g

ciboulette
× ½ botte

petits pois surgelés
200 g

citron vert
× 1

courgettes
× 2 petites

- ○ Cuire les nouilles selon les instructions du paquet.
- ○ Couper les courgettes et les cuire 3 minutes dans le bouillon chaud. Ajouter les petits pois et cuire 2 minutes supplémentaires.
- ○ Hacher finement la ciboulette.
- ○ Répartir les nouilles entre 4 bols et verser le bouillon très chaud, avec les courgettes et les petits pois. Garnir de ciboulette et de tranches de citron vert.

NOUILLES, PETIT POIS & ŒUF

prêt en 10 minutes

15 minutes de cuisson

pour 4 personnes

miso en cube
60 g

nouilles de blé
120 g

petits pois surgelés
100 g

brocoli
× 1

œufs
× 2

piment rouge
× 1

- Rincer et détacher les bouquets de brocoli. Ciseler finement le piment.
- Faire cuire les œufs dans de l'eau frémissante pendant 6 minutes, les rincer sous l'eau froide puis les écaler et les couper en deux.
- Dans une grande casserole, porter 1,2 litre d'eau et le miso à ébullition puis ajouter les nouilles et laisser frémir 5 minutes. Ajouter le brocoli, le piment et les petits pois et laisser cuire encore 5 minutes. Saler et poivrer. Verser dans des bols avec les œufs.

QUICHE TOFU & ARTICHAUT

prêt en 15 minutes **40 minutes de cuisson** **pour 6 personnes**

tofu ferme 250 g
pâte brisée × 1
œufs × 3
lait 300 ml
emmental râpé 50 g
cœurs d'artichaut en bocal 120 g

- Préchauffer le four à 190 °C. Foncer un moule à tarte avec la pâte brisée.
- Couper le tofu en cubes. Battre les œufs et le lait puis ajouter l'emmental, le tofu et les cœurs d'artichaut.
- Verser sur le fond de tarte et enfourner 40 minutes.

QUICHE FAÇON LORRAINE

prêt en 15 minutes **40 minutes de cuisson** **pour 4 personnes**

pâte brisée × 1
tofu fumé 200 g
œufs × 3
crème liquide 150 ml
lait 150 ml
emmental râpé 70 g

- Préchauffer le four à 180 °C. Foncer un moule à tarte avec la pâte brisée.
- Couper le tofu en petits dés et les disposer sur le fond de tarte. Battre les œufs avec la crème liquide, le fromage et le lait, saler et poivrer.
- Verser sur le fond de tarte et enfourner 40 minutes.

RECETTES **bonus**

QUICHE TOFU & BROCOLI

prêt en 15 minutes — 30 minutes de cuisson — pour 4 personnes

pâte brisée × 1
crème liquide entière 300 ml
œufs × 2
tofu fumé 300 g
piment 1 bonne pincée
brocoli × 1 petit

- Préchauffer le four à 180 °C. Cuire les fleurettes de brocoli 10 minutes à la vapeur.
- Dérouler la pâte dans un moule à tarte. Disposer dessus les fleurettes de brocoli et le tofu en lamelles.
- Fouetter ensemble la crème, les œufs, le piment et verser dans le fond de tarte. Cuire 30 minutes.

QUICHE AU FROMAGE

prêt en 15 minutes — 1 h 15 de cuisson — pour 4 personnes

pâte brisée × 1
lait entier 500 ml
gruyère 225 g
œufs × 6 gros
ciboulette × 1 botte

- Râper le fromage et ciseler finement la ciboulette. Préchauffer le four à 220 °C. Dérouler la pâte brisée dans le fond d'un plat et cuire à blanc 30 minutes.
- Fouetter les œufs avec le lait. Saler et poivrer. Ajouter le fromage et la ciboulette avant de transférer sur la pâte déjà cuite.
- Enfourner 45 minutes jusqu'à ce que la quiche soit gonflée, ferme et dorée.

TARTE FROMAGE & ASPERGE

prêt en 15 minutes

35 minutes de cuisson

pour 4 personnes

pâte feuilletée
× 1

gruyère
100 g

asperges
425 g

huile d'olive
1 filet

- Couper la base terreuse des asperges et les tailler en biais en tronçons de 5 cm. Râper grossièrement le gruyère.
- Préchauffer le four à 200 °C. Dérouler la pâte feuilletée sur une plaque recouverte de papier sulfurisé. Laisser une bordure de 1 cm (sans la couper) et piquer tout le milieu à l'aide d'une fourchette.
- Cuire à blanc pendant 15 minutes jusqu'à ce que la pâte soit dorée. Déposer le fromage puis les asperges au centre. Assaisonner et verser un filet d'huile puis enfourner 20 minutes.

TATIN TOMATE

prêt en 15 minutes

1 h 15 de cuisson
5 minutes de repos

pour 4 personnes

pâte feuilletée
× 1

tomates cerises
450 g

oignon
× 1 gros

vinaigre balsamique
2 cuillerées à soupe

thym
quelques brins

huile d'olive
3 cuillerées à soupe

- Émincer l'oignon et effeuiller le thym. Préchauffer le four à 200 °C. Prendre une poêle allant au four un peu plus petite que la pâte. Faire cuire l'oignon 45 minutes dans 2 cuillerées à soupe d'huile à feu doux. Saler, poivrer, ajouter le vinaigre puis transférer dans un bol.
- Verser le reste d'huile, les tomates et le thym dans la poêle et laisser grésiller, puis répartir l'oignon par-dessus.
- Recouvrir avec la pâte en repliant les bords vers l'intérieur et la piquer. Enfourner 30 minutes. Laisser tiédir 5 minutes avant de démouler.

TOURTE VEGGIE

pâtes feuilletées
× 2

steaks de soja
à l'indienne
200 g

pak choi
× 4 petits

huile d'olive
1 cuillerée à soupe

œuf
× 1

piment
1 bonne pincée

prêt en 15 minutes

40 minutes de cuisson

pour 4 personnes

- Préchauffer le four à 195 °C. Hacher les pak choi et les dorer 10 minutes dans l'huile d'olive, en terminant sur feu doux.
- Hacher les steaks de soja et les mélanger avec les légumes, ajouter le piment et l'œuf battu. Réserver un peu d'œuf pour la dorure.
- Dérouler la pâte dans un moule de 25 cm de diamètre, verser la garniture et refermer avec la seconde pâte. Souder les bords et couper l'excédent.
- Enfourner 30 minutes.

PIZZA BUTTERNUT

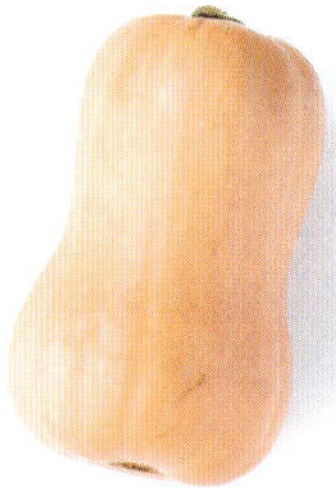

courge butternut
× 1 petite

pâte à pizza
450 g

oignon rouge
× ½

sauge
× 5 feuilles

cheddar affiné
125 g

huile d'olive
1 cuillerée à soupe

prêt en 20 minutes

30 minutes de cuisson

pour 4 personnes

- Peler la courge et la découper en demi-lunes. Râper le cheddar. Hacher l'oignon et la sauge.
- Préchauffer le four à 200 °C. Enrober la courge d'huile, assaisonner et disposer en une seule couche sur une lèchefrite recouverte d'un tapis de cuisson. Enfourner 15 minutes.
- Sur une plaque légèrement farinée, former un grand ovale avec la pâte à pizza. Saupoudrer la moitié du fromage et toute la sauge. Déposer la courge, l'oignon et le reste de fromage puis verser un filet d'huile. Enfourner 12 à 15 minutes à 240 °C.

PÂTÉ EN CROÛTE VEGGIE

prêt en 20 minutes

1 h 10 de cuisson

pour 4 personnes

pâtes feuilletées
× 2

aubergines
× 2

poivrons jaunes
× 2

courgettes
× 4

huile d'olive
5 cuillerées à soupe

pesto
2 cuillerées à soupe

- Préchauffer le four à 200 °C. Couper les légumes en tranches. les disposer sur une ou plusieurs plaques sans trop les faire chevaucher, les arroser d'huile, saler, poivrer et rôtir 30 minutes.
- Disposer une couche de pâte dans un moule à cake.
- Remplir avec les tranches de légumes en introduisant des noisettes de pesto.
- Refermer avec de la pâte, souder les bords, couper l'excédent et enfourner 40 minutes.

BURGER TOFU & AVOCAT

prêt en 10 minutes
1 heure de repos

6 minutes de cuisson

pour 4 personnes

tofu ferme
450 g

pains à burger
× 4

avocat
× 1

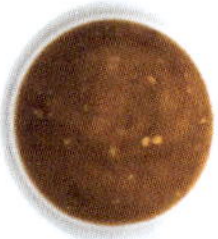

sauce peri-peri
1 cuillerée à café

citrons verts
× 2

coriandre
× ½ bouquet

- Mélanger la sauce peri-peri et le jus des 2 citrons verts. Couper le tofu en 4 tranches, les badigeonner de cette marinade et laisser reposer 1 heure au frais.
- Faire revenir les tranches de tofu sur feu moyen dans une poêle huilée 2 minutes de chaque côté.
- Peler l'avocat et le couper en tranches fines.
- Couper les pains en deux et les passer sous le gril 2 minutes. Garnir d'un steak de tofu, de tranches d'avocat et de feuilles de coriandre.

BURGER PORTOBELLO

prêt en 10 minutes

12 minutes de cuisson

pour 4 personnes

champignons portobello
× 16

avocat
× 1

huile d'olive
2 cuillerées à soupe

ciboulette
× ½ botte

échalotes
× 2

comté
120 g en tranches

- Préchauffer le four à 200 °C. Mettre les champignons dans un plat à four, les saler, poivrer et les enduire d'huile. Rôtir 10 minutes dans la partie haute du four.
- Poser 1 tranche de comté sur la moitié des champignons et glisser au four 1 à 2 minutes pour le faire fondre.
- Sur un champignon nature, déposer des tranches d'avocat, de la ciboulette, de l'échalote émincée et refermer avec un champignon au fromage.

BURGER AU HALLOUMI

prêt en 15 minutes — 15 minutes de cuisson — pour 4 personnes

aubergine × 1 petite
halloumi 250 g
roquette 25 g
pesto 2 cuillerées à soupe
tomate × 1 grosse
pains à burger × 4

- Couper l'aubergine en 8 tranches épaisses et le halloumi en 4 tranches épaisses. Couper la tomate en tranches et les pains en deux.
- Faire griller les pains sous le gril. Badigeonner les tranches d'aubergine d'huile, assaisonner et les griller. Faire dorer le halloumi dans la poêle-gril 1 à 2 minutes de chaque côté.
- Composer les burgers avec les tranches d'aubergine, de halloumi, de tomate, la roquette, le pesto et les pains grillés.

BURGER DE MILLET

prêt en 15 minutes — 15 minutes de cuisson — pour 4 personnes

pains à burger × 4
millet 150 g
pois chiches cuits 150 g
caviar d'aubergine 4 cuillerées à soupe
huile d'olive 3 cuillerées à soupe
persil × ½ bouquet

- Cuire le millet selon les instructions du paquet.
- Mixer grossièrement avec les pois chiches égouttés, les ¾ du persil et 1 cuillerée d'huile d'olive. Saler, poivrer. Former 8 galettes.
- Les faire dorer 7 à 8 minutes dans l'huile restante, retourner à mi-cuisson.
- Griller légèrement les petits pains. Les garnir de caviar d'aubergine et de galette, parsemer de persil haché.

RECETTES express

BURGER DE TOFU PANÉ

prêt en 15 minutes | 5 minutes de cuisson | pour 4 personnes

pains à burger × 4

chapelure
4 cuillerées à soupe

tofu ferme 300 g

huile de tournesol
2 cuillerées à soupe

mayonnaise
4 cuillerées à soupe

concombre × ¼

- Couper le tofu en 8 tranches fines. Émincer le concombre, ôter les graines.
- Passer le tofu dans la chapelure et le faire dorer dans l'huile, 2 à 3 minutes de chaque côté.
- Monter les burgers avec le pain légèrement grillé, la mayonnaise, le concombre émincé et le tofu pané.

BURGER TOFU & CAROTTE

prêt en 15 minutes | 6 minutes de cuisson | pour 4 personnes

tofu ferme 450 g

pains à burger × 4

sauce tamari
2 cuillerées à soupe

carotte × 1

emmental râpé 80 g

sauce tartare
4 cuillerées à soupe

- Couper le tofu en deux puis recouper chaque morceau en deux dans l'épaisseur.
- Le badigeonner de sauce tamari. Le faire revenir 2 minutes de chaque côté dans une poêle huilée sur feu moyen.
- Éplucher la carotte et la couper en rubans.
- Couper les pains burger en deux, les parsemer d'emmental râpé et les passer sous le gril 2 minutes. Garnir d'un steak de tofu, de carotte et de sauce tartare.

CROQUE AUX CHAMPIGNONS

prêt en 5 minutes

10 minutes de cuisson

pour 1 personne

champignons de Paris
75 g

brioche
× 2 tranches épaisses

crème fraîche
1 cuillerée à soupe

beurre
30 g

gruyère
50 g

- Émincer les champignons et râper le gruyère. Préchauffer le gril. Faire sauter les champignons avec la moitié du beurre dans une poêle allant au four. Assaisonner. Faire fondre 25 g de gruyère avec la crème 1 minute au micro-ondes à puissance moyenne.
- Faire fondre le reste de beurre dans la poêle propre et faire griller les tranches de brioche d'un côté. En retourner une, ajouter le reste de gruyère et les champignons puis poser l'autre tranche. Enfourner 1 minute, retourner et verser le mélange fondu dessus. Laisser dorer.

TACOS

œufs
× 8 gros

cheddar affiné
50 g

avocat
× 1 gros

tomate
× 1 grosse

tortillas de maïs
× 8 petites

coriandre
× 1 bouquet

prêt en 15 minutes

15 minutes de cuisson

pour 4 personnes

- Râper grossièrement le cheddar. Couper, enlever le noyau et trancher l'avocat. Détailler la tomate en dés.
- Battre légèrement les œufs et assaisonner. Faire chauffer 2 cuillerées à soupe d'huile dans une grande poêle antiadhésive à feu moyen et cuire les œufs en mélangeant pour les brouiller. Incorporer le fromage.
- En parallèle, faire griller les tortillas sur le feu ou sous le gril chaud. Disposer les œufs sur les tortillas. Garnir avec de l'avocat, des tomates et de la coriandre.

QUESADILLA AUX HARICOTS

prêt en 15 minutes

10 minutes de cuisson

pour 4 personnes

haricots noirs cuits
400 g

cheddar affiné
100 g

tortillas de blé (15 cm)
× 8

tomates
× 2 grosses

coriandre
× 10 brins

huile d'olive
6 cuillerées à café

- Égoutter et rincer les haricots. Couper les tomates en dés et hacher la coriandre. Dans un saladier, mélanger les tomates, la moitié de la coriandre et 2 cuillerées à café d'huile. Saler et poivrer. Mélanger les haricots, le fromage et le reste de coriandre.

- Chauffer 1 cuillerée à café d'huile dans une poêle, placer 2 tortillas à plat. Déposer un peu de haricots sur une moitié, replier la tortilla. Laisser dorer puis la retourner et laisser dorer l'autre face. Répéter avec les autres tortillas. Servir avec les tomates.

PITA HOUMOUS

prêt en 15 minutes

5 minutes de cuisson

pour 4 personnes

pains pita
× 4

carottes
× 2

houmous
100 g

huile d'olive
2 cuillerées à soupe

graines de cumin
1 cuillerée à café

courgette
× 1

- Couper les carottes en longs bâtonnets, les saisir dans l'huile, à feu vif, pendant 3 à 4 minutes. Ajouter le cumin, du sel et du poivre.
- Réchauffer les petits pains. Râper la courgette.
- Garnir les pains avec le houmous, les carottes grillées et la courgette râpée.

SANDWICH AVOCAT & TOMATE

prêt en 10 minutes

sans cuisson

pour 4 personnes

pain complet
× 8 tranches

avocat
× 1 gros

cheddar affiné
60 g

tomate
× 1 grosse

pousses de luzerne
× 2 belles poignées

- Râper grossièrement le cheddar et découper la tomate en tranches fines.
- Couper l'avocat, enlever le noyau et écraser la chair sur 4 tranches de pain. Saler et poivrer.
- Ajouter du cheddar, des tranches de tomate et des pousses de luzerne. Recouvrir avec une deuxième tranche de pain.

FRITTATA COURGETTE & FETA

courgettes
× 2

feta
75 g

menthe
× 1 bouquet

huile d'olive
2 cuillerées à soupe

œufs
× 8 gros

prêt en 10 minutes

10 minutes de cuisson

pour 4 personnes

- Râper grossièrement les courgettes, émietter la feta et battre les œufs. Préchauffer le gril du four. Égoutter les courgettes puis les mélanger à la menthe. Saler, poivrer.
- Faire chauffer la moitié de l'huile dans une poêle. Ajouter les courgettes et laisser cuire 4 minutes. Verser sur les œufs et ajouter la feta.
- Nettoyer la poêle et faire chauffer le reste d'huile. Verser la préparation et mélanger 1 minute. Faire chauffer 2 minutes, décoller les bords et cuire la frittata sous le gril : elle doit être gonflée.

FRITTATA DE PÂTES

prêt en 5 minutes

15 minutes de cuisson

pour 4 personnes

parmesan
50 g

œufs
× 6 gros

spaghettis
300 g

huile d'olive
3 cuillerées à soupe

- Cuire les spaghettis. Râper le parmesan. Préchauffer le four à 200 °C. Battre légèrement les œufs, assaisonner, incorporer un tiers du parmesan puis les spaghettis.
- Faire chauffer l'huile dans une grande poêle allant au four. Verser la préparation aux œufs et cuire 1 minute.
- Parsemer un tiers du parmesan par-dessus, puis enfourner 5 minutes jusqu'à ce que la frittata devienne croustillante. La retourner et saupoudrer du parmesan restant puis enfourner 5 minutes de plus.

ŒUFS COCOTTE

prêt en 10 minutes **15 minutes de cuisson** **pour 4 personnes**

œufs × 8 gros
crème fraîche 2 cuillerées à soupe
beurre 15 g
aneth × ½ bouquet

- Préchauffer le four à 190 °C. Casser 2 œufs dans chaque ramequin préalablement beurré.
- Verser la crème fraîche et déposer 1 cuillerée à soupe d'aneth ciselé sur chaque œuf. Assaisonner.
- Déposer les ramequins sur un torchon au fond d'un plat à rôtir (pour les empêcher de glisser) et ajouter de l'eau jusqu'à mi-hauteur. Enfourner de 13 à 16 minutes jusqu'à ce que les blancs soient cuits.

TORTILLA ESPAGNOLE

prêt en 10 minutes **45 minutes de cuisson** **pour 4 personnes**

pommes de terre × 3 grosses
oignon × 1
persil quelques brins
œufs × 8 gros

- Éplucher les pommes de terre, les couper en quatre puis en lamelles de 5 mm. Émincer l'oignon et le persil. Battre légèrement les œufs. Faire revenir les pommes de terre 25 minutes dans l'huile à feu moyen. Transférer dans un saladier avec les œufs. Faire fondre l'oignon 10 minutes puis l'ajouter aux œufs, avec le persil. Réserver l'huile.
- Préchauffer le gril. Verser la préparation dans l'huile réservée chaude et mélanger 2 minutes. Passer l'omelette sous le gril.

RECETTES express

OMELETTE SOUFFLÉE

prêt en 10 minutes **5 minutes de cuisson** **pour 4 personnes**

œufs × 6 gros

cheddar affiné 100 g

huile d'olive
1 cuillerée à soupe

ciboulette × 6 brins

- Séparer le jaune et le blanc des œufs. Râper le cheddar et ciseler la ciboulette. Préchauffer le gril. Monter les blancs d'œufs en neige avec 1 pincée de sel. À part, battre les jaunes. Saler et poivrer.
- Faire chauffer l'huile à feu doux dans une grande poêle. Incorporer les jaunes aux blancs, avec la ciboulette et la moitié du fromage. Verser cette préparation dans la poêle et laisser cuire 2 minutes. Saupoudrer du reste de cheddar, décoller les bords puis terminer la cuisson sous le gril pendant 2 ou 3 minutes.

OMELETTE CHAMPIGNONS

prêt en 10 minutes **5 minutes de cuisson** **pour 4 personnes**

tofu fumé 400 g

levure maltée
2 cuillerées à soupe

œufs × 3

emmental râpé 80 g

mélange de champignons
100 g

persil × 3 brins

- Couper le tofu et les champignons en cubes.
- Battre les œufs et y ajouter le tofu et la levure maltée. Incorporer l'emmental râpé et les champignons.
- Chauffer une poêle huilée à feu doux et y verser la préparation. Laisser cuire 3 minutes, plier l'omelette en deux et cuire 2 minutes supplémentaires. Saler et poivrer.
- Servir parsemé de feuilles de persil.

LASAGNES LENTILLE & ÉPINARD

prêt en 15 minutes

50 minutes de cuisson

pour 4 personnes

lasagnes
× 12 feuilles

huile d'olive
3 cuillerées à soupe

sauce tomate
400 ml

lentilles vertes
100 g

épinards
300 g

cottage cheese
250 g

- Préchauffer le four à 180 °C. Hacher grossièrement les épinards et les cuire 5 minutes avec 1 cuillerée à soupe d'huile dans une poêle, à feu moyen. Saler et poivrer.
- Cuire les lentilles selon les instructions du paquet, les mixer grossièrement avec du sel, du poivre et 1 cuillerée à soupe d'huile d'olive.
- Dans un plat huilé, alterner couches des différentes garnitures et terminer avec de la tomate.
- Enfourner 25 à 30 minutes.

LASAGNES DE COURGETTE

prêt en 20 minutes
30 minutes de repos

20 minutes de cuisson

pour 2 personnes

courgette
× 1 grosse

sauce tomate
280 g

parmesan
25 g

mozzarella
55 g

ricotta
450 g

basilic
× 1 bouquet

- Couper la courgette en 12 fines bandes. Les saler et les mettre 30 minutes dans une passoire. Les sécher avec du papier absorbant. Râper le parmesan. Hacher la mozzarella et le basilic.
- Préchauffer le four à 190 °C. Saler et poivrer la ricotta, la mélanger au parmesan et au basilic.
- Verser 50 g de sauce tomate au fond d'un plat et y déposer 4 rubans de courgette. Étaler la moitié de la ricotta et 85 g de sauce tomate. Continuer ainsi en terminant par la sauce tomate. Parsemer la mozzarella et enfourner 20 minutes.

CHILI SIN CARNE

haricots blancs
à la sauce tomate
400 g

oignons nouveaux
× 5

huile d'olive
4 cuillerées à soupe

épices mexicaines
2 cuillerées à café

patates douces
× 2

courgettes
× 3

prêt en 15 minutes

30 minutes de cuisson

pour 4 personnes

- Réserver 1 oignon cru. Faire revenir les autres émincés 7 à 8 minutes dans l'huile, à feu moyen.
- Ajouter les épices puis les patates douces en cubes et les courgettes en bâtonnets. Cuire 5 minutes, en remuant de temps en temps.
- Ajouter les haricots et cuire 20 minutes à couvert, à feu doux.
- Servir avec de l'oignon cru émincé et des céréales d'accompagnement.

MOUSSAKA DE LÉGUMES

aubergines
× 2

champignons de Paris
500 g

huile d'olive
5 cuillerées à soupe

sauce tomate basilic
400 ml

persil
× ½ bouquet

chapelure
80 g

prêt en 25 minutes

50 minutes de cuisson

pour 4 personnes

- Préchauffer le four à 220 °C. Couper les aubergines en tranches de 3 mm d'épaisseur. Assaisonner et badigeonner d'huile puis enfourner 10 à 15 minutes sur une plaque en les retournant une fois.
- Hacher les champignons et les dorer dans 2 cuillerées d'huile pendant 10 minutes. Assaisonner, ajouter le persil haché.
- Dans un plat huilé, alterner les couches de légumes.
- Verser la sauce tomate basilic, saupoudrer de chapelure et enfourner 25 minutes.

CHAKCHOUKA

prêt en 15 minutes

55 minutes de cuisson

pour 4 personnes

tomates pelées
800 g

oignon rouge
× 1 gros

labneh
100 g

œufs
× 8 gros

poivrons rouges
× 2 gros

huile d'olive
4 cuillerées à soupe

- Écraser les tomates. Émincer l'oignon. Couper les poivrons en quatre, les égrainer puis les détailler en lanières. Faire chauffer l'huile dans une poêle. Ajouter l'oignon et les poivrons, saler, poivrer puis laisser cuire 10 minutes à couvert.
- Ôter le couvercle et cuire encore 15 minutes. Verser les tomates, porter à ébullition puis réduire le feu et laisser mijoter 20 minutes.
- Former 8 puits dans la sauce et casser 1 œuf dans chacun d'eux. Laisser cuire 10 minutes. Ajouter 1 cuillerée de labneh.

RECETTES bonus

HACHIS DE LÉGUMES

prêt en 15 minutes | 50 minutes de cuisson | pour 4 personnes

champignons de Paris 500 g

courgettes × 3

patates douces × 2

huile d'olive 5 cuillerées à soupe

épeautre 100 g

comté 150 g

- Préchauffer le four à 180 °C. Cuire l'épeautre. Hacher les champignons et les dorer dans 2 cuillerées d'huile pendant 10 minutes. Saler, poivrer. Ajouter l'épeautre et dorer 2 minutes.
- Cuire les patates douces coupées en cubes à l'eau 20 minutes et les courgettes 10 minutes. Les écraser, assaisonner, ajouter 1 cuillerée d'huile à chaque légume.
- Dans un plat huilé, alterner les couches. Parsemer de comté râpé et enfourner 25 minutes.

GRATIN D'AUBERGINE

prêt en 10 minutes | 40 minutes de cuisson | pour 4 personnes

grosse aubergine × 1

tomates variées 300 g

mozzarella 200 g

vinaigre balsamique 2 cuillerées à soupe

basilic quelques feuilles

huile d'olive 75 ml

- Peler l'aubergine et la tailler en dés de 2 cm. Couper les tomates en deux. Déchirer les feuilles de basilic.
- Préchauffer le four à 200 °C. Napper l'aubergine d'huile et la faire cuire dans un petit plat, à couvert, pendant 25 minutes.
- Ajouter le vinaigre, les tomates et le basilic. Saler, poivrer et enfourner 10 minutes de plus jusqu'à ce que l'aubergine soit tendre. Ajouter la mozzarella coupée en tranches et laisser cuire 5 minutes supplémentaires.

RECETTES bonus

CURRY DE LÉGUMES

prêt en 15 minutes · 50 minutes de cuisson · pour 4 personnes

- poudre d'amandes 4 cuillerées à soupe
- pâte de curry 4 cuillerées à soupe
- carottes × 4
- courgettes × 3
- brocoli × 1
- huile de tournesol 3 cuillerées à soupe

- ○ Détacher les fleurettes du brocoli, couper les courgettes et carottes en gros morceaux.
- ○ Faire dorer les légumes 5 minutes avec l'huile dans une cocotte.
- ○ Ajouter la pâte de curry et la poudre d'amandes, remuer 2 minutes. Couvrir d'eau, saler et poivrer. Cuire 30 minutes à feu doux, à couvert.
- ○ Servir avec du riz ou des céréales d'accompagnement.

POT-AU-FEU DE LÉGUMES

prêt en 15 minutes · 50 minutes de cuisson · pour 4 personnes

- asperges vertes × 1 botte
- persil × 1 bouquet
- huile d'olive 4 cuillerées à soupe
- petits pois frais 300 g
- pommes de terre × 2 grosses
- œufs × 4

- ○ Écosser les petits pois. Éplucher les asperges. Mettre les cosses et les épluchures dans un faitout, couvrir d'eau, ajouter les tiges de persil et assaisonner. Laisser frémir 30 minutes. Filtrer.
- ○ Cuire les pommes de terre en cubes 15 minutes dans le bouillon. Ajouter les asperges et les petits pois. Cuire 5 minutes.
- ○ Mixer le persil avec l'huile, assaisonner. Cuire les œufs mollets.
- ○ Servir le bouillon avec la garniture et la sauce verte.

LINGUINE AU CITRON

prêt en 5 minutes

15 minutes de cuisson

pour 4 personnes

linguine fraîches
350 g

citron
× 1

parmesan
75 g

huile d'olive
50 ml

- Prélever et hacher le zeste du citron. Le presser pour récupérer le jus. Râper le parmesan.
- Cuire les pâtes selon les indications sur le paquet et les égoutter en réservant 225 ml d'eau de cuisson.
- Remettre les pâtes dans la casserole avec l'huile, le jus et le zeste de citron et le parmesan. Poivrer généreusement et verser suffisamment d'eau de cuisson pour obtenir une sauce crémeuse.

RAVIOLIS POTIRON & SAUGE

prêt en 5 minutes

10 minutes de cuisson

pour 4 personnes

raviolis au potiron
500 g

beurre
60 g

huile d'olive
1 cuillerée à café

parmesan
50 g

sauge
× 1 bouquet

- Cuire les raviolis selon les indications sur le paquet. Égoutter et napper d'huile. Râper le parmesan.
- Faire fondre le beurre dans une poêle jusqu'à ce qu'il devienne mousseux. Y déposer les feuilles de sauge et les faire cuire 2 minutes jusqu'à ce qu'elles soient croustillantes et que le beurre prenne une couleur dorée.
- Placer les raviolis dans la poêle et les napper délicatement. Saupoudrer de parmesan.

PÂTES CARBO PETIT POIS

mezzi rigatoni
350 g

petits pois surgelés
250 g

jaunes d'œufs
× 2

estragon
× 5 brins

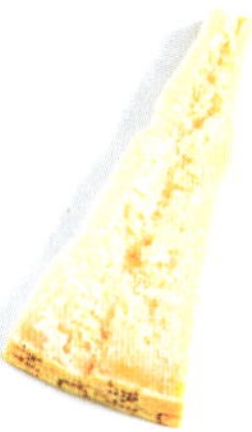

parmesan
50 g

prêt en 10 minutes

15 minutes de cuisson

pour 4 personnes

- Râper le parmesan et hacher l'estragon. Cuire les pâtes en suivant les instructions sur le paquet, ajouter les petits pois 2 minutes avant la fin de la cuisson.
- Égoutter en réservant un peu d'eau de cuisson, puis remettre dans la casserole hors du feu.
- Ajouter les jaunes d'œufs, l'estragon et le parmesan et mélanger pour bien enrober le tout, ajouter un peu d'eau de cuisson afin d'obtenir une sauce crémeuse. Poivrer généreusement.

SPAGHETTIS MARINARA

prêt en 5 minutes

25 minutes de cuisson

pour 4 personnes

spaghettis
375 g

sauce tomate basilic
550 g

basilic
× 1 petit bouquet

huile d'olive
4 cuillerées à soupe

bouillon de légumes
850 ml

parmesan
× 1 morceau

- Mettre les spaghettis, la sauce, 2 cuillerées à soupe d'huile d'olive et le bouillon dans une cocotte avec 2 brins de basilic. Râper le parmesan.

- Porter à ébullition en mélangeant régulièrement, puis réduire le feu et laisser mijoter 15 à 20 minutes, en remuant, jusqu'à ce que les pâtes soient tendres et que la sauce épaississe.

- Répartir dans des assiettes creuses. Parsemer le basilic et le parmesan. Arroser d'un filet d'huile.

PÂTES BOLO VEGGIE

tofu fumé
300 g

spaghettis
400 g

sauce tomate pimentée
300 ml

oignon
× 1

parmesan
40 g

huile d'olive
2 cuillerées à soupe

prêt en 10 minutes

15 minutes de cuisson

pour 4 personnes

- Émincer l'oignon, le faire revenir 6 à 7 minutes dans l'huile sur feu moyen. Ajouter le tofu coupé en cubes, bien remuer pour le dorer légèrement pendant 3 à 4 minutes. Ajouter la sauce tomate. Laisser mijoter à feu doux.
- Cuire les pâtes.
- Servir avec la sauce et parsemer de parmesan râpé.

RISONIS À LA GRECQUE

prêt en 10 minutes

10 minutes de cuisson

pour 4 personnes

pâtes risoni
350 g

tomates
400 g

olives noires
85 g

persil
× ½ bouquet

feta
100 g

vinaigre de vin rouge
1 cuillerée à soupe

- Dénoyauter et hacher grossièrement les olives. Couper les tomates en gros quartiers. Émietter la feta.
- Cuire les pâtes en suivant les instructions sur le paquet. Égoutter, rincer et transférer dans un grand saladier.
- Ajouter les tomates, les olives, la feta et le persil. Saler, poivrer. Verser 3 cuillerées à soupe d'huile et le vinaigre puis mélanger.

TAGLIATELLES AUX CHAMPIGNONS

prêt en 15 minutes

15 minutes de cuisson

pour 4 personnes

tofu fumé
250 g

mélange de champignons
200 g

ail
× 3 gousses

crème liquide
240 ml

bouillon de légumes
120 ml

tagliatelles
400 g

- ○ Dans une grande casserole, cuire les pâtes selon les instructions du paquet.
- ○ Émincer les champignons et les faire revenir 5 minutes sur feu moyen dans une poêle huilée avec l'ail haché. Réserver dans un bol.
- ○ Faire revenir le tofu fumé coupé en cubes pendant 3 minutes dans la poêle.
- ○ Dans une grande casserole, chauffer la crème avec le bouillon de légumes 3 minutes. Ajouter les champignons, le tofu et les pâtes égouttées. Saler et poivrer.

PASTA CHOU NOIR & HARICOT

prêt en 10 minutes

25 minutes de cuisson

pour 4 personnes

orecchiette
350 g

chou noir
× 1 botte

ail
× 4 gousses

haricots blancs cuits
400 g

bouillon de légumes
1 litre

parmesan
50 g

- Retirer les tiges du chou noir et hacher les feuilles. Émincer finement l'ail. Égoutter et rincer les haricots. Râper le parmesan.
- Faire chauffer 2 cuillerées à soupe d'huile d'olive dans une casserole et faire dorer l'ail. Hors du feu, ajouter le bouillon et les orecchiette puis porter à ébullition. Laisser mijoter 10 minutes.
- Ajouter le chou et cuire jusqu'à ce que les feuilles flétrissent et que les pâtes soient tendres. Ajouter les haricots blancs et le parmesan puis poivrer.

NOUILLES, TOFU & BROCOLI

prêt en 20 minutes | 15 minutes de cuisson | pour 4 personnes

- tofu ferme 400 g
- nouilles de riz 225 g
- sauce thaïe aux arachides 100 g
- sauce soja 2 cuillerées à soupe
- brocoli 300 g
- oignons nouveaux × 2

- Presser le tofu. Émincer les oignons. Préparer les nouilles de riz en suivant les instructions sur le paquet, puis égoutter et rincer. Détacher les fleurettes du brocoli.
- Faire chauffer 1 cuillerée à soupe d'huile dans une grande poêle et y faire dorer le tofu. Réserver.
- Faire chauffer 1 cuillerée à soupe d'huile et y faire sauter les fleurettes de brocoli jusqu'à ce qu'elles soient tendres, en ajoutant un peu d'eau. Incorporer le tofu et les nouilles. Napper de sauce aux arachides et de sauce soja. Parsemer les oignons nouveaux.

NOUILLES SAUTÉES AU TOFU

prêt en 10 minutes | 10 minutes de cuisson | pour 4 personnes

- tofu fumé 250 g
- poivrons rouges 250 g
- oignon × 1
- nouilles de riz 400 g
- sauce soja 4 cuillerées à soupe
- oignons nouveaux × 2

- Couper les poivrons en julienne, ciseler l'oignon et couper le tofu en cubes. Cuire les nouilles.
- Faire revenir les poivrons et l'oignon sur feu moyen dans un wok huilé pendant 5 minutes. Ajouter la sauce soja et les nouilles.
- Séparément, faire revenir le tofu sur feu moyen dans une poêle huilée pendant 4 minutes, réserver.
- Servir les légumes et les nouilles avec le tofu et les oignons nouveaux émincés.

RECETTES express

BOBUN VEGGIE

prêt en 15 minutes | 5 minutes de cuisson | pour 4 personnes

150 g de vermicelles de riz

concombre × ½

menthe × 8 brins

cacahuètes grillées salées
2 cuillerées à soupe

sauce à nems
8 cuillerées à soupe

nems aux légumes × 8 à 12

- Faire tremper les vermicelles dans de l'eau bouillante pendant 5 minutes. Égoutter.
- Émincer le concombre. Réchauffer les nems 12 minutes au four à 180 °C.
- Répartir les vermicelles dans des bols, assaisonner avec un peu de sauce.
- Garnir les bols avec le concombre, la menthe, les cacahuètes grossièrement écrasées, les nems coupés en quatre et la sauce restante.

TOFU PAD THAÏ

prêt en 10 minutes | 10 minutes de cuisson | pour 4 personnes

tofu ferme 400 g

nouilles soba 400 g

mini-épis de maïs
en conserve 400 g

sauce pad thaï 180 ml

chou rouge × ¼

cacahuètes 50 g

- Cuire les nouilles selon les instructions du paquet.
- Placer les cacahuètes sous le gril 2 minutes. Réserver. Ciseler le chou rouge. Couper le tofu en cubes et le faire revenir sur feu moyen dans une poêle huilée pendant 3 minutes. Réserver.
- Égoutter les épis de maïs et les faire revenir sur feu moyen dans une poêle huilée pendant 1 minute.
- Chauffer la sauce pad thaï dans une poêle. Ajouter les nouilles, le chou, le tofu et les cacahuètes.

RISOTTO AU CITRON

riz arborio
325 g

bouillon de légumes
1 litre

crème fraîche
100 g

parmesan
25 g

oignon
× 1

citron
× 1

prêt en 10 minutes

35 minutes de cuisson

pour 4 personnes

- Faire chauffer le bouillon de légumes. Hacher l'oignon. Râper le parmesan. Prélever le zeste et presser le citron.
- Faire chauffer 2 cuillerées à soupe d'huile d'olive dans une grande poêle et faire revenir l'oignon 10 minutes jusqu'à ce qu'il soit tendre.
- Ajouter le riz, mélanger puis ajouter 1 louche de bouillon et remuer jusqu'à absorption. Baisser le feu et répéter, en remuant, jusqu'à ce que le riz soit presque cuit (20 minutes). Ajouter la crème fraîche, le parmesan, le jus de citron et assaisonner.

RISOTTO AU PESTO

prêt en 10 minutes

35 minutes de cuisson

pour 4 personnes

riz arborio
325 g

bouillon de légumes
1 litre

oignon
× 1

crème fraîche
55 g

vin blanc sec
125 ml

pesto
4 cuillerées à soupe

- Hacher finement l'oignon. Préchauffer le four à 180 °C. Faire chauffer 3 cuillerées à soupe d'huile d'olive dans une sauteuse allant au four et faire revenir l'oignon 8 à 10 minutes.
- Ajouter le riz, mélanger, puis verser le vin et laisser mijoter jusqu'à ce qu'il soit quasiment évaporé.
- Verser le bouillon, porter à ébullition puis couvrir et enfourner jusqu'à ce que le riz soit tendre et que le bouillon ait été absorbé (compter 15 à 18 minutes).
- Assaisonner puis incorporer la crème fraîche et le pesto.

RISOTTO TOFU & TOMATE

prêt en 10 minutes

35 minutes de cuisson

pour 4 personnes

tofu fumé
200 g

tomates séchées
60 g

pousses d'épinard
× 1 poignée

riz rond
250 g

bouillon de légumes
1 litre

oignon
× 1

- Peler et émincer l'oignon. Le faire revenir 5 minutes à feu moyen dans une grande poêle huilée.
- Baisser à feu doux, ajouter le riz et 1 louche de bouillon. Lorsque le bouillon est absorbé, ajouter une nouvelle louche et continuer jusqu'à ce qu'il n'y ait plus de bouillon.
- Ajouter les tomates séchées et le tofu émincés, laisser mijoter 2 minutes.
- Ajouter les épinards, bien mélanger, saler et poivrer, retirer du feu. Servir immédiatement.

RIZ COMPLET & ŒUF AU PLAT

riz complet à grain long
100 g

oignons nouveaux
× 4

avocat
× 1

coriandre
× 1 gros bouquet

œufs
× 4 gros

sauce sriracha
2 cuillerées à café

prêt en 15 minutes

45 minutes de cuisson

pour 2 personnes

- Émincer les oignons et l'avocat. Cuire le riz dans un wok en suivant les indications sur le paquet.
- Le repousser sur un côté et ajouter 1 cuillerée à soupe d'huile d'olive. Ajouter le blanc des oignons puis le mélanger au riz pour rendre l'ensemble croustillant. Repousser sur un côté.
- Ajouter 2 cuillerées à soupe d'huile d'olive et cuire les œufs au plat. Assaisonner et répartir le riz dans 2 bols. Ajouter l'œuf, l'avocat, la coriandre, le vert des oignons et la sauce sriracha.

DONBURI VÉGÉTARIEN

prêt en 15 minutes

15 minutes de cuisson

pour 4 personnes

riz basmati
320 g

tofu fumé
250 g

sauce teriyaki
4 cuillerées à soupe

poireaux
× 2

carottes
× 2

huile d'olive
2 cuillerées à soupe

- Émincer les poireaux et les cuire dans 1 cuillerée d'huile pendant 10 minutes à feu doux.
- Cuire le riz selon les instructions du paquet.
- Trancher le tofu et le faire dorer dans 1 cuillerée d'huile. Râper les carottes.
- Répartir le riz dans des bols et servir avec le tofu, les poireaux, les carottes et la sauce.

TOFU, LÉGUMES & RIZ SAUVAGE

prêt en 10 minutes

30 minutes de cuisson

pour 4 personnes

tofu ferme
400 g

bouillon de légumes
120 ml

sauce soja
2 cuillerées à soupe

brocoli
× 1

patates douces
× 2

riz sauvage
240 g

- Dans une casserole, cuire le riz dans 900 ml d'eau salée pendant 25 minutes. Égoutter si nécessaire.
- Couper les patates douces pelées en cubes et le brocoli en fleurettes. Les faire revenir sur feu moyen 2 minutes dans une poêle huilée.
- Couper le tofu en cubes et l'ajouter à la poêle. Verser le bouillon et la sauce soja dans la poêle et laisser mijoter 3 minutes. Saler et poivrer.
- Servir sur le riz sauvage.

légumes au four

PATATE DOUCE & SAUCE

patates douces
× 2

huile d'olive
2 cuillerées à soupe

yaourt
200 g

tahin
2 cuillerées à café

citron
× 1

cerfeuil
× 6 brins

prêt en 10 minutes

45 minutes de cuisson

pour 4 personnes

- Préchauffer le four à 190 °C. Nettoyer les patates douces, les sécher, les huiler avec 1 cuillerée d'huile et les emballer dans du papier d'aluminium. Cuire 45 minutes environ, elles doivent être tendres.
- Mélanger le yaourt avec le tahin, l'huile, du zeste et du jus de citron, le cerfeuil haché, du sel et du poivre.
- Manger les patates douces et la sauce en accompagnement d'un plat, ou avec des céréales.

POMME DE TERRE SOUFFLÉE

prêt en 15 minutes

55 minutes de cuisson

pour 4 personnes

pommes de terre
4 grosses

œufs
× 2

comté
200 g

muscade
1 bonne pincée

beurre
60 g

persil
× 10 brins

- Préchauffer le four à 190 °C. Nettoyer les pommes de terre et les cuire au four environ 45 minutes sur une plaque. Elles doivent être tendres. Prélever la chair à la cuillère.
- Monter les blancs d'œufs en neige avec 1 pincée de sel.
- Mélanger les jaunes avec la chair de pomme de terre, ajouter les ¾ du fromage râpé, la muscade et le persil haché. Saler, poivrer. Incorporer les blancs d'œufs.
- Remplir les pommes de terre vides de farce, parsemer du fromage restant. Enfourner 10 minutes pour gratiner.

CHOU-FLEUR RÔTI

prêt en 10 minutes

50 minutes de cuisson

pour 4 personnes

chou-fleur
× 1 gros

parmesan
30 g

huile d'olive
2 cuillerées à soupe

citron
× 1

moutarde de Dijon
2 cuillerées à soupe

- Préchauffer le four à 200 °C et y faire chauffer une cocotte. Enlever les feuilles et les tiges épaisses du chou-fleur, et tailler une croix à la base. Râper le parmesan et couper le citron en quartiers.
- Mélanger la moutarde et l'huile et en badigeonner la moitié sur le chou-fleur. Le déposer dans la cocotte, couvrir et enfourner 20 minutes, puis découvrir et cuire encore 30 minutes jusqu'à ce qu'il soit tendre.
- Badigeonner le chou-fleur du reste de sauce et saupoudrer de parmesan. Servir avec les quartiers de citron.

CHOU-FLEUR & SAUCE

prêt en 10 minutes

40 minutes de cuisson

pour 4 personnes

chou-fleur
1 moyen ou 2 petits

yaourt
200 g

graines de coriandre
2 cuillerées à café

amandes
2 cuillerées à soupe

huile d'olive
3 cuillerées à soupe

citron
× 1

- Préchauffer le four à 190 °C. Couper le chou-fleur en quartiers. Arroser de 2 cuillerées d'huile et parsemer de graines de coriandre écrasées. Enfourner 40 minutes, il doit être tendre.
- Mélanger le yaourt, l'huile, les amandes hachées, du zeste et du jus de citron.
- Servir le chou-fleur et la sauce en accompagnement d'un plat, ou avec des céréales.

PÂTES DE COURGE SPAGHETTI

courge spaghetti
× 1

tomates cerises
400 g

parmesan
25 g

ail
× 6 gousses

basilic
× 1 bouquet

thym
× 5 brins

prêt en 10 minutes

40 minutes de cuisson

pour 2 personnes

- Couper la courge en deux et l'égrainer. Couper les tomates en deux. Râper le parmesan. Badigeonner la courge d'huile, saler, poivrer et la placer, côté coupé en dessous, dans un plat.

- Mélanger l'ail non épluché, les tomates, le thym et 1 cuillerée à soupe d'huile ; saler, poivrer. Répartir le tout dans le plat et enfourner 40 minutes à 190 °C.

- Détacher les filaments de courge avec une fourchette. Presser l'ail. Mélanger avec les tomates, le basilic et 2 cuillerées à soupe d'huile. Assaisonner, verser sur la courge et saupoudrer de parmesan.

légumes au four

CHAMPIGNONS RÔTIS

prêt en 15 minutes | 15 minutes de cuisson | pour 4 personnes

gros champignons 300 g
chapelure panko 50 g
gros œuf × 1
thym × 10 brins
parmesan 35 g
huile d'olive
2 cuillerées à soupe

- Couper le pied des champignons. Râper le parmesan. Battre légèrement l'œuf. Préchauffer le four à 220 °C.
- Mettre le thym, la chapelure panko, le parmesan et l'huile dans une assiette creuse. Saler et poivrer. Napper les champignons d'œuf puis les passer dans la préparation au panko en appuyant bien, pour qu'elle adhère.
- Les déposer sur une plaque recouverte de papier sulfurisé et enfourner 10 à 15 minutes jusqu'à ce qu'ils soient croustillants.

CAROTTES RÔTIES AU CUMIN

prêt en 15 minutes | 15 minutes de cuisson | pour 4 personnes

carottes nouvelles 400 g
avocat × 1
coriandre × ½ bouquet
graines de cumin
1 cuillerée à café
labneh 200 g
huile d'olive
2 cuillerées à soupe

- Nettoyer les carottes. Couper, enlever le noyau et trancher l'avocat. Préchauffer le four à 220 °C. Mélanger les carottes avec 1 cuillerée à soupe d'huile et le cumin dans un plat. Saler et poivrer. Enfourner 10 à 15 minutes jusqu'à ce qu'elles soient tendres.
- Ajouter les tranches d'avocat, parsemer la coriandre puis verser un filet d'huile d'olive. Servir avec le labneh.

FRITES AU FOUR

prêt en 10 minutes | 40 minutes de cuisson | pour 4 personnes

pommes de terre 900 g
tomates cerises 200 g
œufs × 4 gros
huile d'olive
2 cuillerées à soupe

- Nettoyer les pommes de terre et les découper en grosses frites. Préchauffer le four à 200 °C. Les déposer dans un plat à gratin, les enrober d'huile et assaisonner. Cuire 30 minutes au four jusqu'à ce qu'elles soient tout juste tendre.
- Ajouter les tomates, former 4 creux et casser 1 œuf dans chacun d'eux. Remettre au four pendant 10 minutes jusqu'à ce que les blancs d'œufs soient cuits.

AUBERGINES AU FOUR

prêt en 10 minutes | 40 minutes de cuisson | pour 4 personnes

aubergines naines × 4
citrons × 2
feta 200 g
huile d'olive 120 ml
origan séché
2 cuillerées à café

- Fendre les aubergines en deux jusqu'aux trois quarts. Couper 1 citron en tranches fines et presser l'autre. Préchauffer le four à 230 °C. Déposer les aubergines dans un plat, intercaler les tranches de citron, arroser de jus de citron, parsemer 1 cuillerée à café d'origan et saler. Recouvrir de papier d'aluminium et enfourner 40 minutes.
- Déposer la feta sur un carré de papier d'aluminium, napper d'huile. Former une papillote et enfourner 10 minutes.
- Parsemer la feta émiettée sur les aubergines.

POIVRONS FARCIS

poivrons rouges
× 4

tomates cerises
400 g

burrata
100 g

poivron jaune
× 1

pesto
2 cuillerées à soupe

huile d'olive
1 cuillerée à soupe

prêt en 10 minutes

1 heure de cuisson

pour 4 personnes

- Préchauffer le four à 220 °C. Couper la burrata en morceaux. Couper les poivrons en deux dans le sens de la hauteur et les égrainer. Émincer le poivron jaune.
- Farcir les demi-poivrons rouges de tomates et de poivron jaune, verser un filet d'huile d'olive, saler et poivrer.
- Enfourner, en couvrant, pendant 30 minutes, puis découvrir et poursuivre la cuisson encore 30 minutes. Ajouter un peu de burrata et de pesto.

TOMATES FARCIES

tomates rondes
× 8

semoule épicée
100 g

lentilles corail
100 g

huile d'olive
3 cuillerées à soupe

courgettes
× 2

basilic
× 1 bouquet

prêt en 15 minutes

50 minutes de cuisson

pour 4 personnes

- Préchauffer le four à 180 °C. Couper le chapeau des tomates, les évider. Les mettre dans un plat et les huiler.
- Couper les courgettes en cubes. Cuire les lentilles.
- Dans une poêle, dorer la courgette pendant 8 minutes dans l'huile restante puis ajouter la chair hachée, le jus des tomates, la semoule et les lentilles. Cuire 5 minutes à feu moyen. Ajouter le basilic haché.
- Farcir les tomates et enfourner 30 minutes avec le chapeau.

CHOU FARCI

prêt en 15 minutes

50 minutes de cuisson

pour 4 personnes

orge
60 g

poivron rouge
× 1

huile de tournesol
3 cuillerées à soupe

chou vert
× 1

champignons de Paris
300 g

aneth
× 4 brins

- Préchauffer le four à 180 °C. Cuire l'orge.
- Détacher 8 belles feuilles de chou. Les cuire avec le cœur 2 minutes à l'eau bouillante salée.
- Hacher le cœur, les champignons et le poivron. Les dorer dans 2 cuillerées d'huile 5 minutes, puis ajouter l'orge. Poursuivre la cuisson quelques minutes. Saler et poivrer, ajouter l'aneth haché.
- Placer un peu de farce sur une feuille de chou, la replier et la ficeler. Huiler et enfourner 20 minutes.

TARTE AU CHOCOLAT

tofu soyeux
600 g

pâte brisée
× 1

miel au choix
120 ml

chocolat noir
100 g

cacao en poudre
60 g

purée d'amandes
4 cuillerées à soupe

prêt en 15 minutes

40 minutes de cuisson

pour 8 personnes

- Préchauffer le four à 180 °C. Foncer un moule à tarte avec la pâte brisée et cuire à blanc 20 minutes.
- Faire fondre le chocolat noir puis le mixer avec le tofu soyeux, le miel, 40 g de cacao et la purée d'amandes jusqu'à l'obtention d'un mélange homogène.
- Verser cette préparation sur le fond de tarte et enfourner 20 minutes.
- Laisser refroidir complètement et saupoudrer du cacao restant.

MOUSSE AU CHOCOLAT

prêt en 15 minutes
1 heure de repos

sans cuisson

pour 4 personnes

tofu soyeux
350 g

chocolat noir
180 g

miel au choix
80 ml

sucre vanillé
1 cuillerée à café

fèves de cacao
2 cuillerées à café

- Faire fondre le chocolat noir au bain-marie.
- Mixer le tofu, le miel et le sucre vanillé jusqu'à l'obtention d'un mélange homogène puis incorporer le chocolat fondu.
- Verser dans 4 ramequins et réserver 1 heure au réfrigérateur.
- Parsemer de fèves de cacao au moment de servir.

TIRAMISU

prêt en 20 minutes
12 heures de repos

sans cuisson

pour 6 personnes

tofu soyeux
400 g

café fort
400 ml

boudoirs
× 40

crème liquide
200 ml

cacao en poudre
30 g

sucre
80 g

- Battre au fouet le tofu soyeux et y ajouter le sucre. Monter la crème liquide en chantilly ferme et l'incorporer au tofu.
- Tremper les boudoirs dans le café fort et en recouvrir le fond d'un moule.
- Alterner les couches de crème au tofu et de boudoirs imbibés au café. Terminer par de la crème.
- Réfrigérer toute une nuit et saupoudrer de cacao avant de servir.

MYRTILLE & FRAISE

prêt en 25 minutes | **15 minutes de cuisson 1 à 2 heures de repos** | **pour 4 personnes**

myrtilles surgelées 350 g
fraises fraîches 750 g
sucre 50 g
meringues × 4 petites

- Rincer et équeuter les fraises, les couper en morceaux, sauf 150 g.
- Dans une grande casserole, mettre les fraises, les myrtilles (réserver 1 poignée) et le sucre, porter à ébullition puis laisser mijoter 15 minutes. Filtrer le jus et mettre 1 à 2 heures au frais.
- Verser les fruits dans des bols. Répartir les fraises restantes coupées en quatre, quelques myrtilles décongelées et les meringues.

PANNA COTTA

prêt en 15 minutes | **2 minutes de cuisson 2 heures de repos** | **pour 4 personnes**

tofu soyeux 300 g
jus de citron 1 cuillerée à soupe
sucre vanillé 30 g
sucre 50 g
feuilles de gélatine × 6
fruits rouges surgelés 200 g

- Mettre les feuilles de gélatine dans un bol d'eau froide pour les ramollir. Mixer le tofu soyeux et le jus de citron jusqu'à l'obtention d'un mélange homogène.
- Dans une casserole, mélanger la préparation au tofu, les sucre et les feuilles de gélatine essorées. Porter à ébullition pendant 1 minute sans cesser de remuer. Verser dans 4 ramequins. Réfrigérer 2 heures.
- Mixer les fruits décongelés en coulis. Démouler les panna cotta et napper de coulis.

RECETTES bonus

TARTE CRÈME & FRUITS FRAIS

prêt en 10 minutes **30 minutes de cuisson**
2 heures de repos **pour 8 personnes**

tofu soyeux 600 g
pâte brisée sucrée × 1
sucre 220 g
kiwis × 2
fraises 100 g
framboises 30 g

- Préchauffer le four à 180 °C. Foncer un moule à tarte avec la pâte brisée et cuire à blanc 30 minutes. Laisser refroidir complètement.
- Mixer le tofu et le sucre jusqu'à l'obtention d'un mélange lisse, puis le verser sur le fond de tarte. Réfrigérer 2 heures minimum.
- Au moment de servir, couper les fruits frais en tranches et les disposer sur la tarte.

CHIA PUDDING

prêt en 15 minutes **40 minutes de cuisson** **pour 6 personnes**

tofu soyeux 300 g
fruits rouges surgelés 300 g
miel au choix 80 ml
vergeoise brune 30 g
graines de chia 40 g
fruits rouges frais 150 g

- Décongeler les fruits rouges en gardant leur jus.
- Mixer les fruits rouges décongelés, le tofu, le miel et la vergeoise brune. Ajouter les graines de chia, bien mélanger et réfrigérer toute une nuit.
- Délier la préparation puis dresser des ramequins avec une couche de fruits rouges frais, du mélange aux graines de chia et une dernière couche de fruits rouges frais.

table des recettes

APÉRO

SOUPES

QUICHES, TARTES & CIE

BURGERS & AUTRES SANDWICHS

PETITS PLATS

PÂTES & NOUILLES

RIZ

LÉGUMES AU FOUR

DESSERTS

Recettes issues des livres : *Végétarien Super facile* d'Anna Helm Baxter, *Presque végétarien Super facile* de Keda Black, *Tofu Super facile* d'Audrey Fitzjohn et *Soupe Super facile* de Lene Knudsen.

Photographies des recettes : Elisa Watson, Rebecca Genet, Audrey Fitzjohn et Richard Boutin.
Photographies des ingrédients : Richard Boutin, Audrey Fitzjohn, Rebecca Genet, Valéry Guedes, Akiko Ida, Pierre Javelle, Charlotte Lascève et Elisa Watson.

Mise en pages : Frédéric Voisin
Suivi éditorial : Natacha Kotchetkova

58, rue Jean-Bleuzen, 92178 Vanves Cedex
Dépôt légal : janvier 2022
ISBN : 978-2-501-16843-4
1139865/01
Achevé d'imprimer en octobre 2021 sur les presses de Macrolibros en Espagne

PAPIER À BASE DE FIBRES CERTIFIÉES

MARABOUT
s'engage pour l'environnement en réduisant l'empreinte carbone de ses livres.
Celle de cet exemplaire est de :
1,8 kg éq. CO_2
Rendez-vous sur www.marabout-durable.fr